CULTURA DIGITAL Y DE LA INFORMACIÓN

DISEÑAR, CONSTRUIR Y MANTENER SITIOS WEB

J. POOLOS
TRADUCIDO POR ALBERTO JIMÉNEZ

rosen publishing's
rosen central
New York

Published in 2018 by The Rosen Publishing Group, Inc.
29 East 21st Street, New York, NY 10010

First Edition

Library of Congress Cataloging-in-Publication Data

Names: Poolos, Jamie, author.
Title: Diseñar, construir y mantener sitios web / J. Poolos, translated by Alberto Jiménez.
Description: New York : Rosen Central, 2018. | Series: Cultura digital y de la información | Includes bibliographical references and index. | Audience: Grades 5-8.
Identifiers: ISBN 9781499439663 (library bound) | ISBN 9781499439762 (pbk.) | ISBN 9781499439823 (6 pack)
Subjects: LCSH: Web sites—Design—Juvenile literature.
Classification: LCC TK5105.888 .B3795 2017 | DDC 006.7—dc23

Manufactured in the United States of America

CONTENIDOS

INTRODUCCIÓN

Para un principiante, la idea de crear un sitio web desde cero resulta abrumadora. No obstante, quien disponga de una conexión a Internet puede hacerlo. Los diversos tipos de sitios requieren competencias distintas, pero sitios y páginas web precisan los mismos conocimientos básicos.

Mientras que una sola página consiste en sí misma, un sitio está compuesto por varias páginas. El sitio puede tener numerosos formatos y formas en línea. Por ejemplo, aunque un sitio histórico sobre la Guerra de Vietnam alojado por el Public Broadcasting System (PBS) se dedique a un solo tema, consta de muchas páginas web que incluyen transcripciones y enlaces con vídeos y otros materiales complementarios. Para pasar de una parte de un sitio a otra, se utilizan hiperenlaces, que suelen abrirse al mover sobre ellos el ratón o *typepad* de una computadora, o al tocar la pantalla táctil de un *smartphone* o de una *tablet*.

Los desarrolladores web son quienes crean los sitios web. Aunque la mayoría son profesionales, muchos lo hacen por afición. Sea como sea, deben pensar atentamente lo que esperan conseguir al desarrollar el sitio. Desde el diseño a la construcción, pasando por darse a conocer, esta planificación es fundamental para los sitios que funcionan bien, tienen buen aspecto y son fáciles de usar.

Construir hoy un sitio web es más fácil que nunca. Aprender a hacerlo puede conducir a una gran carrera y, en cualquier caso, resulta una habilidad sumamente útil para todo tipo de profesión.

El diseño web es importante para el aspecto del sitio y el efecto que produce, pero quienes controlan lo que sucede detrás son los desarrolladores. El trabajo de un diseñador web es comparable al de quien diseña el aspecto externo de un auto, comparado al de los ingenieros mecánicos y operarios, que se concentran en las partes internas para hacer que funcione.

En la creación de sitios web hay que tener en cuenta muchos factores. Más allá de un buen diseño gráfico, el código proporciona las instrucciones que ayudan a conseguir lo que los usuarios del sitio quieren. Normalmente, para hacer sitios fiables, rápidos y efectivos, los desarrolladores deben conocer tanto varios lenguajes de programación como la forma de resolver problemas, ya sean corrientes o inesperados.

Muchos desarrolladores pasan años estudiando, y los verdaderos profesionales están siempre poniéndose al día. Sin embargo, los sitios sencillos y efectivos están al alcance de cualquier estudiante del desarrollo web, aunque carezca de experiencia. Con unas semanas o algunos meses de estudio, el joven programador obtendrá lo básico para empezar.

Hecho esto, construir sitios web se convertirá en un *hobby* emocionante y, por supuesto, en una opción profesional gratificante y muy lucrativa. Las empresas, los particulares, las organizaciones sin ánimo de lucro, las agencias gubernamentales…, todos necesitan sitios web. Con Internet como parte fundamental de la vida de miles de millones de personas del mundo entero, aprender el desarrollo web y mantenerlo al día será siempre una herramienta muy solicitada.

Capítulo 1

Sitios web: cómo funcionan

Cuando encendemos la computadora u otro aparato conectado a Internet y abrimos un navegador, solemos poner la dirección de un sitio web en la casilla adecuada del navegador. Tal dirección puede estar cargada allí mismo. Las direcciones web existen también como enlaces entre el texto y las imágenes de los propios sitios web. Haz clic en ellos o carga una dirección mediante navegadores como Chrome, Safari, Firefox o Internet Explorer.

Al hacer esto, estamos en realidad llamando a los archivos, al código y a los materiales visuales del sitio web, y usándolos a través de ese navegador. Si hay algún problema, este suele presentar un mensaje de error (por ejemplo, si no hay conexión a Internet o si el sitio ya no existe).

Los sitios web operan en la World Wide Web. En el sentido más básico, la web es una red de información de alcance mundial. Reside en computadoras llamadas *servidores* que ordenan las comunicaciones vía Internet permitiendo a miles de millones de usuarios compartir información y realizar transacciones.

Organizar por vez primera un sitio web puede ser abrumador. Haciéndolo en equipo resultará divertido y formativo. Los miembros sacarán a relucir sus aptitudes y se inspirarán entre sí para resolver problemas.

Los sitios web sirven para compartir información e intercambiar texto, imágenes, vídeos, audios y aplicaciones de *software*. Medios como la CNN, el *Wall Street Journal* y el *New York Times* publican en línea historias y vídeos. Las universidades ofrecen clases a distancia para aprender desde casa. Empresas de todo tipo venden productos y servicios en línea. Los particulares publican sus ideas en blogs, crean comunidades y comparten noticias y materiales a través de redes sociales como Facebook, Twitter e Instagram.

Aunque miles de millones de personas entran en línea para estos y otros fines, no hace tanto que el concepto de navegar por Internet era inexistente. Que las computadoras compartieran señales en una red no se hizo realidad hasta la década de 1960, cuando el Departamento de Defensa de EEUU decidió crearla. En 1985, una organización científica llamada National Science Foundation desarrolló lo que hoy es Internet.

Mientras Internet evolucionaba y era cada vez más fácil de usar, diversos grupos vieron su enorme potencial. Grandes corporaciones, como las compañías de telecomunicación, construyeron sus propias redes, y enseguida hubo numerosas redes interconectadas. Un inglés llamado Tim Berners-Lee logró la primera conexión entre un cliente y un servidor con el protocolo de transferencia de hipertexto (HTTP, por sus siglas en inglés) en 1989. En 1991, nació la World Wide Web, al principio para investigadores y más tarde para todo el público.

File Edit View Favorites Tools Help

MÁS ANCHO DE BANDA

Más ancho de banda

Cuando se crean nuevas tecnologías que satisfacen necesidades de los consumidores, las viejas desaparecen. Hay quien dice que las tecnologías en línea quedarán anticuadas en tres años. Aunque tal velocidad de cambio resulte un poco agobiante, es también una liberación.

En los inicios de la era de Internet, el estándar para la transferencia de datos era la línea T-1, que transfería hasta 1.5 *megabytes* por segundo. En 2015, la Federal Communications Commission (FCC) declaró que el estándar de "banda ancha" era ya de 25 Mbps, desde 4 Mbps, según PCMag. Desde entonces, la media de las velocidades comerciales se ha incrementado aún más. Ahora, como los datos se envían a un ritmo mucho mayor, los desarrolladores web pueden crear sitios provistos de animaciones más ricas y *streaming* de vídeo de alta definición.

Páginas, navegadores y servidores

Internet es un sistema mundial de redes computacionales por el que viajan datos. La web se puede definir como el conjunto de sitios, hiperenlaces y redes sociales, y sitios de comercio electrónico, entre otros destinos, que existen en Internet. Los tres componentes que permiten el funcionamiento de la web son la página web, el navegador y el servidor.

Un documento HTML es aquel mostrado por un navegador web. Compuesto de texto, incluye tanto contenidos como directrices que indican al navegador cómo mostrar el contenido. Por ejemplo, la página web real que ve el usuario puede mostrar la palabra "hola". El documento HTML alberga dicho contenido (la palabra "hola") y reglas para mostrarla, como que aparezca centrada y en un tamaño de letra de 12 puntos.

Además de los millones de sitios web en línea y de sus miles de millones de usuarios, hay miles y miles de servidores por todo el mundo que ayudan a almacenarlos. Una sola sesión en línea de una o dos horas nos conecta a docenas de estas salas.

El navegador web es una aplicación de *software* que sirve para recuperar páginas web de servidores web y presentarlas en un formato legible. Los navegadores están instalados en la computadora del usuario, llamado *cliente*, así como en los *smartphones* y las *tablets*.

El servidor web es tanto el *software* que entrega (sirve) páginas web cuando alguien las solicita como las computadoras que ejecutan esos programas. Estas, llamadas *servidores*, no son iguales que las personales, sino grandes piezas de *hardware* mantenidas en salas climatizadas debido al enorme calor que generan. Las páginas, los navegadores y los servidores web trabajan juntos en Internet para posibilitar las comunicaciones. Así es como funciona el proceso:

1. Un estudiante sentado frente a una computadora conectada a Internet abre un navegador web, teclea "http://www.cnn.com" en el campo de direcciones del navegador y pulsa la tecla de retorno o *enter*.
2. El navegador se conecta al servidor donde se almacena la página de inicio de CNN.com y la solicita.
3. El servidor la envía al navegador del estudiante. La página se envía como texto HTML.
4. El navegador lee el HTML, lo descifra, configura la información (incluyendo texto, imágenes y vídeo) y la enseña en la pantalla como una página web legible para el estudiante.

Lenguaje de marcas de hipertexto [HTML]

Para que una página web pueda almacenarse en un servidor y entregarse al estudiante, alguien tiene que crearla. Estas páginas incluyen indicaciones para que el navegador muestre su contenido, y tales indicaciones figuran en etiquetas HTML, siglas del inglés Hypertext Markup Languaje.

Cuando alguien crea una página web con un editor de texto o un editor HTML, coloca el código HTML entre corchetes angulares llamados *etiquetas* que indican al navegador cómo mostrar el texto a un tamaño

La satisfacción del usuario es uno de los objetivos más importantes que alquien tiene en mente cuando planea un sitio web. Los visitantes satisfechos volverán una y otra vez.

y color determinados y en un número de columnas, o colocar una imagen en el centro de la página. Veamos un ejemplo:

Este texto está en <b>bold</b>.

La "b" entre corchetes dice al navegador que ponga en negrita el texto entre etiquetas. En la página web, la frase se verá así:

Este texto está en **negrita**.

La página no enseña las etiquetas, solo la frase acompañada del formato, en este caso el tipo en negrita.

Aunque el HTML es la base para crear páginas web, hay otros lenguajes de programación, como CSS, Flash, Javascript y XML, que indican al navegador la forma de mostrar la página. Estos son más sofisticados y potentes que el HTML y permiten construir sitios web veloces y fáciles de usar.

Capítulo 2

Planificación del sitio web

Planificar es una fase crucial para asegurarse de que el sitio se crea sin dificultades, funciona como se pretende y permite a los usuarios realizar las tareas esperadas. Una buena preparación ahorra tiempo, simplifica el trabajo del desarrollador y ayuda a concentrarse en la tarea en curso. Si planeamos crear un sitio web, debemos considerar los siguientes aspectos.

¿Para qué es el sitio web?

Si trazamos un plan, lo primero es saber cuál es el objetivo del sitio. Todos los sitios web empiezan con un objetivo que el desarrollador espera conseguir, ya que tal obejtivo determinará la dirección que tome el diseño web. Un sinónimo de *objetivo* es *propósito*. Pensando en él, se puede empezar por lo principal y después ir concretando.

Si la intención es informar sobre caballos, por ejemplo, lo primero a considerar es exactamente qué tipo de información sobre caballos cubrirá el sitio. ¿Se limitará a dar información?

Un comercio electrónico exitoso, es uno que le ofrece al usuario la manera más sencilla de comprar lo que vende sin que tenga que buscar mucho.

Lo más probable es que incluya imágenes y texto, y quizá vídeos. Un sitio que pretenda sobre todo vender libros debería diseñarse como tienda en línea, ya que el diseñador querrá enseñar los libros a posibles compradores. El sitio también podrá describirlos con más detalle, indicando el precio, facilitando la compra mediante tarjetas de crédito u otros medios de pago y proporcionando la forma de comprobar los pedidos. En cualquier caso, el sitio debe descartar las pretensiones o rasgos innecesarios para conseguir su meta.

¿Cuál es el público objetivo?

Una vez establecidas las necesidades básicas del sitio, es el momento de considerar su público, es decir, las personas que, según el creador, van a visitarlo. La mayoría de ese público tendrá algo en común. Por ejemplo, una buena parte de los visitantes potenciales de un sitio web que trate sobre distintos tipos de competiciones de equitación se interesarán por los caballos.

Uno de los beneficios de establecer dicho público es que permite al diseñador concentrarse en las necesidades del mismo, es decir, establecer

Los fans de una marca, como estos compradores que hacen cola delante de la tienda de moda urbana Supreme de Londres, son un ejemplo del público, o grupo demográfico, que el diseñador de un sitio web pretende atraer.

el contenido que más lo atraiga. Por supuesto, muchos sitios web tienen algunas características que atraen también a quienes desconocen el tema.

Para determinar el público objetivo, lo mejor es investigar. Internet proporciona numerosas pistas sobre usuarios potenciales. Por ejemplo, si se trata de crear un sitio sobre la guerra de Independencia de Estados Unidos, además de mirar sitios similares, el creador hablará con estudiantes y maestros para averiguar qué les gustaría ver en un sitio así. Si quiere profundizar más, conviene que hable con un experto en esa época histórica, ya que así sabrá qué tipo de información suele buscar la gente.

File Edit View Favorites Tools Help

RECOPILAR ANÁLISIS WEB

Recopilar análisis web

Los programas de análisis recopilan y examinan datos de uso de la web, miden el tráfico del sitio y sirven de base para el estudio de usuarios. Los datos se recopilan de dos formas: mediante el archivo de registro, que enumera y analiza las transacciones del servidor, y el etiquetado, que registra las veces que se abre una página. Estas dos medidas ayudan a particulares y empresas a tomar decisiones sobre su sitio web.
Si quieren, por ejemplo, ajustar el tráfico (las visitas), deben considerar las horas del día de mayor y menor afluencia.

Planificación del sitio web

Una vez que el creador identifica su público objetivo, el siguiente paso es hacer que su sitio resulte atractivo para dicho público. ¿Los visitantes conocerán el tema tratado o necesitarán una explicación básica o incluso exhaustiva sobre él? Es importante que el contenido se corresponda con el nivel de interés y de experiencia del público objetivo.

Para concretar la información exacta que precisa el sitio, resulta muy útil escribir una lista de los datos, temas y subtemas que contendrá, a fin de decidir el nivel de detalle que quiere darse. Aunque al aumentar el detalle suele aumentar el trabajo, el público se beneficiará de ese enfoque más profundo.

Una vez definido el contenido del sitio, llega el momento de elegir la mejor forma de presentárselo al público. Para ello hay muchas opciones,

Medio	Uso	Costo
Texto	El texto es útil para presentar información compleja, o cuando solo se necesite una explicación verbal.	El texto puede ocupar mucho espacio. Por sí solo resulta poco llamativo.
Fotos	Las imágenes realzan una historia y dan información al instante.	Las fotos pueden ser difíciles de conseguir. Además, se requiere cierto tiempo para manejar los archivos de imagen, que enlentecen el sitio.
Ilustraciones	De forma similar a las fotos, las ilustraciones realzan la historia e informan al instante. Además, pueden dar carácter al sitio.	Crear ilustraciones lleva tiempo, y con ellas ocurre lo mismo que con las fotos: si hay muchas hacen más lento el sitio.
Vídeos	Pueden contar historias y mostrar la acción real de forma imposible para un texto.	Crear, procesar y cargar un vídeo en el servidor web lleva tiempo. Además, los vídeos también hacen más lento el sitio.

y cada una sirve a un propósito concreto y representa un costo. Tras definir el público objetivo, crear el contenido que busca o necesita dicho público y elegir la forma de presentarlo, llega el momento de organizar el contenido en páginas web para diseñar el verdadero sitio web.

MITOS y HECHOS

MITO **Cuantas más páginas y herramientas tenga un sitio, mejor es.**

HECHO Más páginas y herramientas significan más trabajo para quien construye el sitio. Los enlaces rotos, las páginas desactualizadas y las herramientas inservibles no impresionan a nadie. Los sitios claros y sencillos suelen ser los más efectivos. Las páginas y herramientas pueden añadirse cuando sea necesario.

MITO **Una vez que el sitio se construye y publica, será visitado de inmediato.**

HECHO Un sitio no puede visitarse si no se encuentra. Las máquinas de búsqueda principales no lo indexarán hasta varios meses después de su publicación. Para atraer tráfico a un sitio, pueden utilizarse las llamadas *metaetiquetas*.

MITO **El constructor de un sitio web debe ser un experto en lenguajes de programación.**

HECHO Hay muchos programas que ayudan a cualquiera a diseñar sitios web. Aprender un lenguaje de programación como el CSS ayuda, pero no es imprescindible para el diseño web.

Capítulo 3

Diseño de sitios web

En el diseño y la construcción de un sitio web se reúnen tres aspectos, que incluyen la estructura, la composición de sus páginas y cómo los usuarios podrán navegar por él. Uno de los objetivos del desarrollador es asegurar que los visitantes naveguen con facilidad. Otro es conseguir que la navegación los ayude a encontrar la información que necesitan o a lograr lo que esperaban al visitar el sitio. Si alguien visita un sitio para informarse de un concierto y comprar entradas, debe conseguirlo con pocos pasos. Para ello es importante un texto de lectura fácil.

Estructura del sitio web

Los usuarios de sitios web quieren acceder a un contenido o conseguir un objetivo sin encontrar dificultades. El sitio fracasará si el usuario se pierde, se enfrenta a distracciones innecesarias o no descubre el enlace más adecuado para sus propósitos. Las arañas web, o rastreadores web

Lo último que puede ser un sitio web es confuso. Si lo es, provoca que los usuarios se desconecten y vayan a otro. Hoy en día, las velocidades de Internet y los períodos de concentración lo hacen más que posible.

(programas automatizados que reúnen información de sitios web para motores de búsqueda), son capaces de facilitar la navegación de un sitio, lo que a su vez mejora su posición y continuación en los navegadores.

La forma más sencilla de pensar en la estructura de un sitio es imaginar niveles, y lo mejor es que estos sean tres. La página de inicio es el nivel 1. En ella entra el visitante cuando teclea el URL del sitio en el navegador, por lo que puede considerarse como el portal del sitio web. Las páginas del nivel 2 incluyen la mayor parte del contenido de modo genérico, y cada una de ellas enlaza con las páginas del nivel 3, con información más detallada.

Llegados a este punto del proceso de diseño, la mayoría de los desarrolladores crean mapas sencillos que describen su estructura.

Fíjate, como en el ejemplo de la siguiente página, tres de las cinco páginas del nivel 2 enlazan con las páginas del nivel 3, mientras que "Cómo comprar un caballo" y "Mi blog de caballos" no enlazan con esas páginas. Al servirse del sistema de niveles, los diseñadores construyen sitios fáciles de usar.

Nivel 1	Página de inicio				
Nivel 2	Sobre caballos	Cuidar caballos	Comprar un caballo	Galería de caballos	Mi blog de caballos
Nivel 3	Historia equina Caballos de trabajo Caballos recreativos Deportes	Cuidados diarios Atención veterinaria		Galería uno Galería dos	

Partes de las páginas web

No solo es importante crear una estructura sólida que facilite el uso del sitio, es crucial hacer páginas fáciles de leer, atractivas y rápidas. Para lograrlo, hay que organizar el contenido de forma lógica y temática. La mayoría de las páginas web se construyen con unos pocos elementos comunes, entre ellos:

- **Fondo:** El fondo de una página web es lo que aparece por detrás del texto. Puede tratarse de una zona coloreada, un dibujo, una foto o incluso una animación.
- ***Banners:*** Los *banners* se sitúan en la parte superior de la página y suelen mostrar el nombre del sitio. Pueden incluir ilustraciones o imágenes.
- **Fuentes:** Una fuente es un tipo de letra de un estilo y un tamaño determinados dentro de una familia de letras. Las fuentes Arial y Helvética funcionan mejor en la mayoría de los navegadores.

- **Pie de página:** El pie es similar al *banner*, pero aparece al final de la página. Suele contener el *copyright* o la información de contacto.
- **Encabezados:** Son los títulos que separan bloques de texto. Se suelen mostrar en un tipo de letra más oscuro y más grande.
- **Imágenes:** Se utilizan para comunicar ideas y añadir color a la página. Son más efectivas si se mezclan bien con el texto.
- **Menú de navegación:** Incluye los enlaces con otras páginas del sitio. Suele aparecer bajo el *banner* o a lo largo del lado izquierdo.

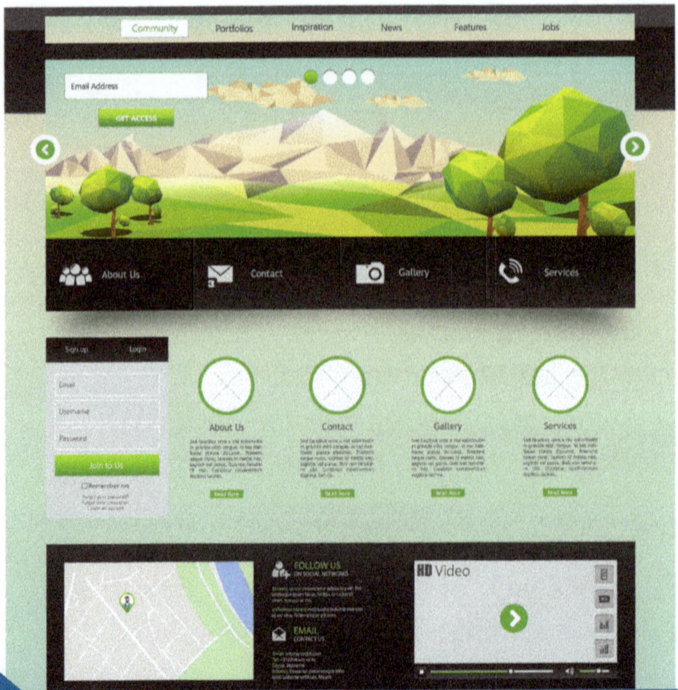

El diseño unificado (colores, formas y estilos similares y bien combinados) es mucho más atrayente.

- **Bloques de texto:** Consisten en uno o más párrafos y pueden mostrarse en distintos colores. Una página puede incluir múltiples bloques.

Diseño de páginas

Todos estos elementos suelen organizarse en columnas. (La columna divide la página de arriba abajo). Los diseños más populares presentan de dos a tres. La mayoría de las páginas de un sitio pueden tener idéntico diseño, pero algunas requieren un aspecto distinto. Una página informativa típica

File Edit View Favorites Tools Help

SU BLOG: HACERLO UNO MISMO O USAR UNA PLATAFORMA

Su blog: hacerlo uno mismo o usar una plataforma

Ciertas actividades en línea, cosas que solían necesitar habilidades codificadoras más complejas, están hoy simplificadas. Uno de los mejores ejemplos lo dan las plataformas para blogs. Aunque, sin duda, es posible construir un sitio web desde cero con código propio, hoy pocas eligen hacer el esfuerzo. Hay docenas de plataformas para blogs, que pueden considerarse un sistema de manejo de contenidos: Wordpress y Blogger, y las de *posts* más pequeños, llamados *sitios de microblogging* (Tumblr).

Al joven desarrollador le conviene mirar otros blogs publicados para sacar ideas y tratar de emular algunos de sus elementos y funciones. El objetivo es afianzar y afinar las propias habilidades. Por supuesto, la mayoría de los usuarios que solo quieren escribir sus pensamientos para comunicárselos a públicos en línea (aunque solo sean amigos y familiares) emplearán un *hosting* (servicio de hospedaje web). Gran parte son gratuitos, mientras que crear un sitio desde cero suele precisar el pago de tarifas por hospedaje y otros servicios.

se presentará en tres columnas, mientras que una galería de fotos lo hará solo en dos.

Cuando se realiza el diseño, hay que tener en cuenta el propósito, el público objetivo y el contenido del sitio. Las páginas web de colores suaves y aspecto despejado suelen resultar más atrayentes y fáciles de leer. Por ello, se debe evitar la acumulación de elementos con esquemas de colores fuertes o que distraigan.

Esta captura de pantalla de una página del sitio web de la NASA es un ejemplo de un sitio que comunica gran cantidad de información sin embarullarla. Además, el diseño da sensación de precisión y dominio de la tecnología.

Si se utilizan imágenes, hay que considerar tanto la cantidad que se incluirá como su tamaño. Las imágenes se cargan desde el servidor y se muestran en el navegador, igual que el texto. El diseñador no debe incluir demasiadas por página y ha de tener en cuenta su tamaño, ya que tardan más en cargarse desde el servidor que el texto. Una vez que una imagen se carga, se almacena en el caché del navegador, que lo carga más deprisa que el servidor. Para aprovechar esto, los desarrolladores intentan utilizar la misma imagen en distintas páginas, a fin de reducir el tiempo de carga.

Para los usuarios finales (los visitantes del sitio web), muchos de estos factores no representan gran diferencia si tienen una computadora (u otro dispositivo) relativamente nueva que lleve instalados un sistema operativo y un navegador actualizados. Sin embargo, las limitaciones de los sitios web que requieren su propio *software* y *hardware* enseguida se muestran en los sistemas operativos más lentos. Como todos tenemos un sistema algo distinto, los desarrolladores web deben tratar de hacérselo fácil a la mayor cantidad posible de usuarios.

Los formatos de imagen aceptables para un sitio web incluyen el GIF (en español, formato de intercambio de gráficos) y el JPEG (en español, Grupo Conjunto de Expertos en Fotografía). Los archivos GIF son más adecuados para ilustraciones lineales, como dibujos; los JPEG son mejores para fotos. Si una imagen está en otro formato, debe convertirse a GIF o JPEG con un programa de procesamiento de imágenes. El tamaño de estas también puede manipularse para encajar en el diseño y cargarse con rapidez. Si la imagen es demasiado grande, o si el diseñador no especifica sus dimensiones, el navegador tardará más en reproducirla en la página.

El esquema del diseño debe ser consistente. Tanto los *banners*, los fondos, los colores y las fuentes como las teclas de navegación deben tener un aspecto similar, lo que implica colores bien combinados, de página a página. De esta forma, el visitante se sentirá cómodo con el diseño y se concentrará en el contenido.

Capítulo 4

Construir un sitio web

Las fases del planeamiento deben originar un buen plan u hoja de ruta para la construcción del sitio, lo que incluye un diseño agradable. Ahora es el momento de ponerse manos a la obra. Como los proyectos de obras de construcción, este precisa de las herramientas adecuadas.

Un buen kit de herramientas

Para ahorrar tiempo y dinero, los desarrolladores construyen sitios web mediante aplicaciones de *software* llamadas *herramientas*. Si se trata de construir un sitio básico, con unas pocas basta.

La principal herramienta es el editor HTML, que permite introducir el código HTML. Muchos de estos editores incluyen características que permiten abrir menús para generar el código. Con ellos, el usuario puede arrastrar y dejar caer imágenes en la página, y el editor escribe el código HTML que las hace funcionar en Internet. Una de sus grandes ventajas es que el usuario puede servirse de los menús para hacer una tarea y después ver el código generado por el editor. Esta es una excelente forma de aprender cómo codificar con HTML. Algunos *hosting* dejan que sus subscriptores utilicen sus editores HTML. Entre los editores más populares están Adobe CoffeeCup, DreamWeaver, HomeSite y KompoZer.

Crear un sitio desde cero resulta a veces una tarea ardua y solitaria, pero planearla por adelantado ayuda.

Para el diseño web también son importantes los editores gráficos, ya que sirven para manipular imágenes, como fotos. Por ejemplo, con ellos puede cambiarse el tamaño de las imágenes para que quepan en la página o recortarlas para mejorar la composición. Entre los más populares se encuentran Adobe Photoshop, Adobe Fireworks, Gimp y PhotoPlus. Los gratuitos, que también permiten crear elementos web, incluyen Vectr y SVG-Edit.

Los llamados *programas de ilustración* son útiles para añadir dibujos lineales, o incluso colores y motivos, al sitio web. Ciertas personas los utilizan para hacer animaciones o teclas para sus menús de navegación. Las herramientas de ilustración más conocidas incluyen Adobe Illustrator, DrawPlus y Jasc Paint Shop Pro. Algunas de estas opciones son gratuitas, otras se compran o se ofrecen a través de períodos de prueba.

Página de inicio y páginas secundarias

Llegados a este punto, el constructor del sitio tiene libertad para su planificación y diseño. Sin embargo, durante la construcción debe atenerse a ciertas reglas estrictas. Debe utilizar un HTML válido y bien constituido, lo que significa que el sitio debe codificarse según las normas del Consorcio World Wide Web (WC3, por sus siglas en inglés), órgano de gobierno que crea los estándares web. El código que se adhiere a dichos estándares funcionará de forma consistente en varios navegadores y sistemas operativos.

Los estándares WC3 requieren ciertos elementos en cada página. Por ejemplo, todas deben empezar y acabar con la etiqueta <html> y tener un encabezado. La página básica será más o menos así:

```
<html>
<encabezado>
<título>El título de la página va aquí</título>
</encabezado>
<cuerpo>
El texto, las imágenes y otros elementos van aquí.
</cuerpo>
</html>
```

Las etiquetas, como <título> y </título>, rodean el contenido para indicar al navegador cómo presentarlo. Hay muchas etiquetas disponibles que sirven para todo tipo de propósitos, como cambiar el tamaño y el color del texto, dejar espacio entre párrafos y colocar los elementos de una página.

Hoy, la mayoría de los desarrolladores utilizan las hojas de estilo en cascada (CSS, por sus siglas en inglés) para determinar cómo se muestra el HTML en la página. La hoja de estilo es un archivo independiente que contiene solo etiquetas e instrucciones para la presentación. Cada página web se refiere a él para dichas instrucciones. Su ventaja es que el desarro-

No te frustres si las cosas no salen exactamente según lo planeado. La buena construcción web es, en ocasiones, un proceso de prueba y error. Toma los descansos que necesites y vuelve fresco al trabajo para aplicarte de nuevo.

llador puede cambiar cualquier estilo del sitio simplemente con editar la hoja de estilo en vez de editar el HTML de cada página.

Menús de navegación del sitio web

Otro aspecto a tener en cuenta para la construcción de un sitio es el menú de navegación, ya que contiene los enlaces que el visitante pulsa para moverse entre páginas. Como los visitantes los utilizan con mucha frecuencia, es importante cuidar su diseño. Su uso debe ser fácil y ameno.

Usar metaetiquetas

Las metaetiquetas son códigos HTML insertados en el encabezado de la página web, después de la etiqueta del título. Incluyen información sobre el sitio web, específicamente la etiqueta de metadescripción, una frase que describe el sitio, y las metapalabras clave, que incluyen todas las palabras que aparecen en el sitio o lo describen. Las metaetiquetas no afectan a cómo se muestra la página y son invisibles para los usuarios. Su principal función es proporcionar datos de metadocumentos a los motores de búsqueda. Cuando un visitante potencial teclea una palabra clave en un motor de búsqueda, este la busca en las metaetiquetas de muchos miles de páginas y entrega los resultados que mejor correspondan.

Una regla básica es que aparezca en el mismo sitio en todas las páginas, típicamente en horizontal debajo del *banner* o en vertical en el lado izquierdo de la página.

En algunos sitios incluye enlaces con cada página; en otros, solo con el siguiente nivel de las páginas. Por ejemplo, el menú de navegación de la página de inicio enlaza con las páginas del nivel 2, y el de cada página del nivel 2 con las páginas del nivel 3.

Los menús de navegación pueden ser simples o dinámicos. El simple consiste en una sencilla lista de enlaces; el dinámico cambia cuando el visitante para sobre él el cursor, la flecha o el dedo, con el ratón, el *typepad* o la pantalla táctil. Por ejemplo, al principio aparece como una lista de los enlaces más importantes. Cuando el visitante planea alguno de ellos,

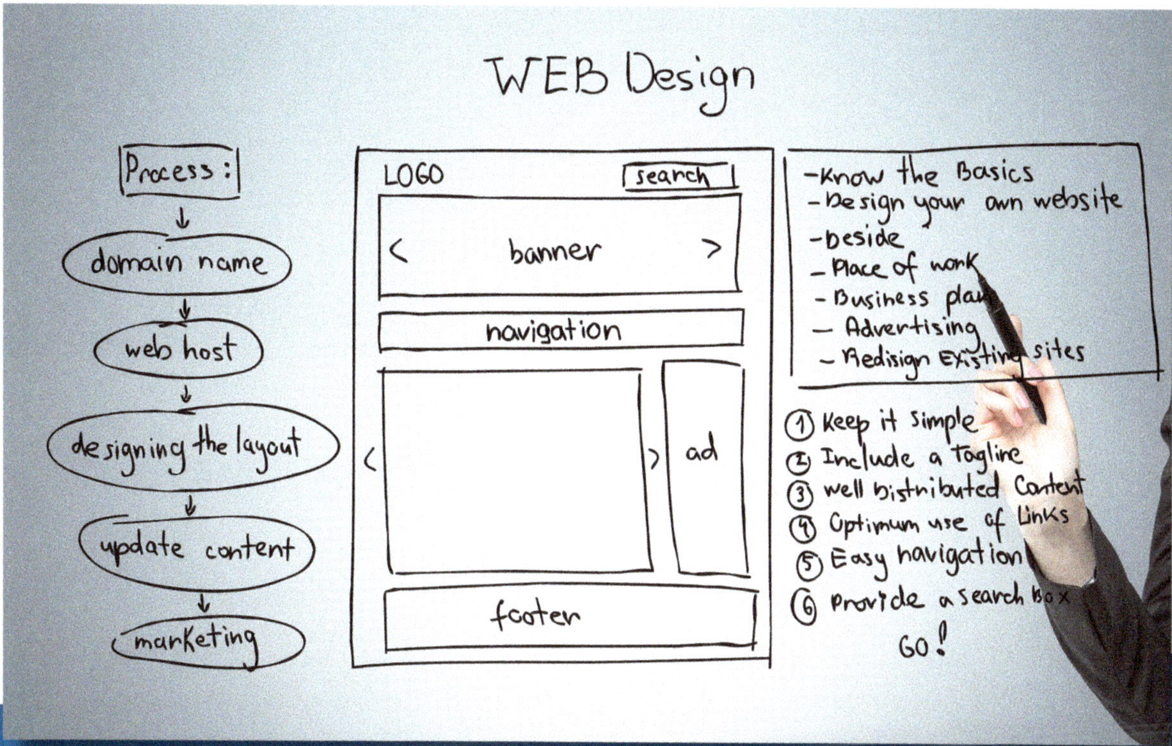

Hacer un diagrama visual o plan de ataque ayuda a conceptualizar las cosas que deben lograrse para construir un sitio útil y atrayente. Es muy práctico, sobre todo, porque gran parte del desarrollo web consiste en un pesado texto.

aparece una corta lista de subenlaces (llamada también *menú desplegable*), en la que puede pulsar uno de ellos para visitar la página. A fin de realzar la experiencia del usuario, pueden añadirse multitud de efectos, como submenús que aparezcan gradualmente o se deslicen hacia abajo al tocarlos con el cursor.

El menú simple es fácil de hacer, carga rápido y trabaja bien para sitios con no más de dieciséis páginas. El desplegable ocupa menos espacio y es más divertido de usar, pero requiere *scripts*, como JavaScript, para su construcción.

Capítulo 5

Publicar y mantener un sitio web

Todo el código del mundo, incluso si genera los sitios web más impresionantes y que mejor funcionan, es inútil si el sitio no tiene éxito en línea. Tras construirlo, los siguientes pasos incluyen crear un nombre de dominio y comprobar que el servicio de *hosting* lo alberga realmente en sus servidores. Otra tarea importante es ver cómo funciona, lo que incluye comprobar sus enlaces y asegurarse de que todos sus elementos se cargan y se muestran del modo en el que fueron diseñados.

Establecer un dominio

Quien adquiere un dominio tiene derecho a utilizar un URL particular para su sitio. Los nombres de dominio acaban con sufijos que denotan su propósito: .com y .net son propios de sitios comerciales; .org, de organizaciones; y .edu, de universidades.

Los servicios web de *hosting* usan granjas de servidores como esta. Busca uno fiable que se ajuste a tus necesidades y criterios de seguridad y privacidad. Algunos son gratuitos. Para los sitios web profesionales, suelen ser preferibles los que se pagan.

Los dominios acostumbran a estar disponibles en los *hosting* y cuestan pocos dólares anuales. El nombre del dominio suele intentar dar pistas a los visitantes sobre la naturaleza de los contenidos que acoge.

Encontrar un *hosting*

Un *host* es un servicio donde se almacenan los archivos que componen un sitio web. Una empresa de hospedaje web posee y gestiona los servidores

Entrar en un sitio construido por uno mismo es motivo de emoción y orgullo. Siéntete orgulloso del trabajo bien hecho, aunque tengas que mejorar y mantener el sitio cuando sea necesario.

que envían páginas a visitantes; alquila el espacio del servidor a quienes quieren publicar sitios web. Tras suscribirse a un servicio de hospedaje web, los usuarios pueden subir los archivos que componen su sitio al servidor, al host, cuando deseen publicarlo.

La mayoría de los *hostings* son baratos, y hay algunos gratuitos. Cada uno tiene sus ventajas e inconvenientes, y algunos son mejores que otros para ciertos fines. Según Tizag.com, hay cuatro tipos:

- ***Hosting* compartido mínimo**: Muchos sitios comparten servidor. Aunque suele ser gratuito, este tipo de *hosting* ofrece pocas herramientas, pero es adecuado para diseñadores inexpertos.
- ***Hosting* compartido**: Muchos sitios comparten servidor. A cambio de una pequeño pago mensual, el servicio dispone de múltiples funciones. Sus principales usuarios son los particulares y las pequeñas empresas.
- ***Hosting* dedicado no gestionado**: Para las empresas con experiencia en servidores, este tipo de *hosting* significa que el sitio web utiliza su propio servidor. Se mejora la seguridad y se permite que el cliente gestione la administración del servidor.
- ***Hosting* dedicado gestionado**: El sitio web utiliza su propio servidor, pero el servicio gestiona toda la administración. Este tipo de *hosting* es el que suelen utilizar empresas que prefieren dejar la administración del servidor a profesionales.

Ver el sitio en directo

Una vez acabado el sitio web, se utiliza una herramienta llamada *validador web* para buscar inconsistencias con los estándares W3C. El validador revisa el código HTML y muestra dónde hay errores, a fin de que puedan arreglarse.

Tras la validación, el sitio ya está preparado para su publicación a través del servidor, para lo que basta con cargar sus archivos en las computadoras del servicio de *hosting*. Una vez cargados, el sitio está

Desplegar *widgets*

El *widget*, un recurso creado por una compañía para realizar una función, se ofrece en sitios webs y en blogs. Se trata en realidad de una pieza de código incluida en el HTML de la página web. Los diseñadores web y los blogueros los utilizan para hacer sus sitios más interesantes e informativos. Por ejemplo, hay *widgets* que muestran la información meteorológica diaria, *widgets* que enseñan diapositivas de imágenes y *widgets* que ordenan automáticamente *posts* de blogs por temas. Muchos son intuitivos, y cambian el aspecto del sitio y/o potenciales funciones según los datos que proporcionen los diseñadores o los usuarios. Hay miles disponibles.

"en directo". Todo el que sepa el URL (dirección web) puede teclearlo en su navegador para ver el sitio.

Tras publicarlo, llega el momento de una de las tareas principales: probarlo. Se deben revisar todas las páginas, para asegurarse de que cargan bien, y todos los enlaces, para comprobar que llevan al lugar deseado.

Mantener y probar

La mayoría de los diseñadores de sitios web optan por actualizarlos continuamente para que los visitantes regresen en busca de contenidos nuevos.

Hay muchos sitios que deben mejorar su funcionamiento y buscar más visitantes. Debes estar preparado para hacerlo en tu propio sitio. A menudo, los acuerdos y los contratos laborales para el trabajo con páginas web incluyen el requisito de seguimiento por si hay fallos.

Por lo tanto, es importante, pues, distinguir los contenidos recientes de forma visible. Algunos webmasters colocan fechas junto al enlace o al título; así, los visitantes pueden ver exactamente cuándo se agregaron. Esto ayuda, claro está, a preparar listas cronológicas de actualizaciones.

Además de la actualización, la prueba es otra parte crucial del mantenimiento. Las páginas y los enlaces deben comprobarse de forma periódica. Lo que es más, el sitio entero debería revisarse cada vez que se actualiza. En estas ocasiones, debe prestarse especial atención a los enlaces con otros sitios web.

10 PREGUNTAS PARA UN DISEÑADOR WEB

1 ¿Requiere creatividad el diseño web?

2 ¿Cómo obtengo el permiso para usar una imagen específica?

3 ¿Cómo sé si debo construir un sitio web o un blog?

4 ¿Qué lenguajes de programación debería aprender?

5 ¿Con cuánta frecuencia debo actualizar mi sitio web, mi blog u otro sitio?

6 ¿Cómo consigo que las páginas de mi sitio carguen más deprisa?

7 ¿Cuándo debo utilizar Flash?

8 ¿Cómo averiguo el número de visitantes de mi sitio?

9 ¿Cómo consigo ideas para nuevos contenidos?

10 ¿Con qué sitios web y qué blogs me pongo al día sobre las últimas tendencias en diseño web?

GLOSARIO

cliente Puesto de trabajo de una red que accede a los archivos centrales de datos, programas y dispositivos periféricos a través de un servidor.

código Arreglo simbólico de frases o instrucciones de un programa computacional que permite que la computadora funcione.

columna División de una página de arriba abajo.

datos Información traducida a un lenguaje comprensible para la computadora.

documento Un archivo de datos computacionales o una página web.

etiqueta Palabra o término clave que se asigna a una pieza de información de una página web.

hiperenlace Un objeto, como un texto o una imagen, enlazado mediante hipertexto a una página web.

hoja de estilo en cascada (CSS, por sus siglas en inglés) Lenguaje que sirve para describir el aspecto y el formato de un documento escrito en HTML.

Internet Red mundial de información e intercambio de datos conectados mediante computadoras, servidores e infraestructura de la red.

intuitivo De comprensión directa, por sensaciones u otros motivos. En este contexto, la palabra describe un sistema de navegación que el usuario utiliza sin tomar decisiones conscientes.

mapa del sitio Diagrama que ilustra la estructura de un sitio web.

menú de navegación dinámico Menú de navegación que cambia cuando un visitante pasa sobre él.

navegador Aplicación para recopilar y presentar información en línea.

navegar Moverse entre las páginas de un sitio web (o entre sitios web) mediante hiperenlaces.

página de inicio Página inicial en la que entra un visitante cuando llega a un sitio web.

publicar En el diseño web, el acto de colocar un sitio web en un servidor a fin de que sea accesible para el público.

red Sistema que contiene cualquier combinación de computadoras, impresoras, dispositivos de audio y vídeo, o teléfonos interconectados por cables o equipos de telecomunicación; sirve para transmitir o recibir información.

seguridad Protección contra el acceso invasivo y sin autorización a una computadora o una red de computadoras.

servidor Programa computacional que entrega (sirve) un contenido, como una página web.

PARA MÁS INFORMACIÓN

International Web Association (IWA)
119 East Union Street, Suite #A
Pasadena, CA 91103
(626) 449-3709
E-mail: support@iwanet.org
Website: http://iwanet.org
Twitter: @iwanetdotorg
La IWA proporciona y fomenta las oportunidades de ascenso profesional entre los particulares que ejerzan una profesión web o deseen conseguirla.

Internet Society
1775 Wiehle Avenue, Suite 201
Reston, VA 20190
(703) 439-2120
Website: http://www.internetsociety.org
Twitter: @internetsociety
La Internet Society trabaja para abordar asuntos relacionados con múltiples aspectos de la infraestructura y la cultura en línea, como educación, estándares y política.

Media Awareness Network
1500 Merivale Road, 3rd Floor
Ottawa, ON K2E6Z5
Canada
(613) 224-7721
Website: http://www.media-awareness.ca.
La Media Awareness Network se dedica a promocionar la educación mediática y digital.

World Organization of Webmasters (WOW)
P.O. Box 584
Washington, IL 61571
(662) 493-2776
Website: https://webprofessionals.org
Esta organización profesional sin ánimo de lucro apoya a particulares y organizaciones que crean, gestionan o anuncian sitios web.

World Wide Web Consortium (W3C)
77 Massachusetts Avenue
MIT Room 32-G524
Cambridge MA 02139
Website: http://www.w3.org
Twitter: @w3c
En esta comunidad internacional, organizaciones, personal a tiempo completo y público voluntario trabajan unidos para desarrollar nuevos estándares web.

Sitios de Internet

Debido a la naturaleza cambiante de los enlaces de Internet, la Editorial Rosen ha creado una lista de sitios en línea relacionados con el tema de este libro. Este sitio se actualiza con regularidad. Use este enlace para acceder a la lista:

http://www.rosenlinks.com/DIL/Web

MÁS LECTURAS

Endsley, Kezia. *Website Design* (High-Tech Jobs). New York, NY: Cavendish Square, 2015.

Fontichiaro, Kristin. *Design Thinking*. Ann Arbor, MI: Cherry Lake Publishing, 2015.

Frey, Tara. *Blogging for Bliss: Crafting Your Own Online Journal: A Guide for Crafters, Artists & Creatives of all Kinds*. New York, NY: Lark Books, 2009.

Gifford, Clive. *Computer Networks* (Get Connected to Digital Literacy). New York, NY: Crabtree Publishing, 2015.

Greek, Joe. *A Career in Computer Graphics and Design* (Essential Careers). New York, NY: Rosen Publishing, 2015.

Jenkins, Sue. *Web Design For Dummies*. Indianapolis, IN: For Dummies, 2009.

Lopuck, Lisa. *Web Design for Dummies*, 3rd ed. Hoboken, NJ: John Wiley & Sons, 2012.

Miller, Michael. *Absolute Beginner's Guide to Computer Basics*. Indianapolis, IN: Que, 2009.

Rickaby, Greg. *Creating a Web Site* (Dummies Jr.). Hoboken, NJ: John Wiley & Sons, 2017.

Robbins, Jennifer Niederst. *Learning Web Design: A Beginner's Guide to HTML, CSS, JavaScript, and Web Graphics*, 4th ed. Sebastopol, CA: O'Reilly Media, 2012.

Sabin-Wilson, Lisa. *WordPress for Dummies*. Hoboken, NJ: Wiley, John & Sons, 2009.

BIBLIOGRAFÍA

Brain, Marshall. "How Web Servers Work." How Stuff Works. Retrieved September 17, 2009. http://computer.howstuffworks.com/web-server1.htm. http://computer.howstuffworks.com/Web -server1.htm.

Build website 4U. "Website Structure." Retrieved October 21, 2009. http://www.buildwebsite4u.com/building/structure.shtml.

Connolly, Dan. "A Little History of the World Wide Web." Retrieved October 6, 2009. http://www.w3.org/History.html.

Cooper, Charles. "Web 2.0: Obsolete within Three Years?" CNET News, April 23, 2008. Retrieved October 6, 2009. http://news.cnet.com/8301-10787_3-9927521-60.html.

Google.com. "Google Analytics IQ Lessons." Retrieved November 9, 2009. http://www.google.com/support/.conversionuniversity/?hl=en.

Irby, Lisa. "How to Plan a Website." Retrieved October 8, 2009. http://www.2planawebsite.com.

Lissa Explains It All. "Basics." Retrieved October 6, 2009. http://www.lissaexplains.com/index.shtml.

Lissa Explains It All. "CSS." Retrieved November 9, 2009. http://www.lissaexplains.com/index.shtml.

Lissa Explains It All. "Tools." Retrieved October 23, 2009. http://www.lissaexplains.com/tools.shtml.

Olsen, Eric. "Dan Gillmore Interview: SOTB 2009." Technorati.com, October 22, 2009. http://technorati.com/blogging/article/dan-gillmor-interview-sotb-2009.

Rickaby, Greg. *Creating a Web Site* (Dummies Jr.). Hoboken, NJ: John Wiley & Sons, 2017.

Sethi, Maneesh. *Web Design for Teens*. Boston, MA. Thomson Course Technology PTR, 2005.

Tizag.com. "Web Host Types." Retrieved October 6, 2009. http://www.tizag.com/webhost/host_types.php.

W3schools.com. "What Is the WWW?" Retrieved October 6, 2009. http://www.w3schools.com/web/web_www.asp" http://www.w3schools.com/Web /Web _www.asp.

Watrall, Ethan, and Jeff Siarto. *Head First Web Design*. Sebastopol, CA: O'Reilly Media, 2008.

ÍNDICE

L

M

N

P

S

T

U

V

W X

Acerca del autor

Como editor y escritor técnico, J. Poolos lleva dieciocho años ayudando a gente de todas las edades a usar *software* computacional. Ha diseñado y desarrollado profesionalmente sitios web y es autor de más de quince libros para jóvenes.

Créditos fotográficos

Cubierta y pp. 1 (izquierda), 8, 37 goodluz/Shutterstock.com; (centro izquierda, centro derecha, derecha), p. 5 Rawpixel.com/Shutterstock.com; p. 10 senticus/Shutterstock.com; p. 12 © iStockphoto.com/track5; p. 14 pixelfit/E+/Getty Images; p. 15 Mike Kemp/In Pictures/Getty Images; p. 20 Olena Zaskochenko/Shutterstock.com; p. 22 Droidworker/Shutterstock.com; p. 27 © iStockphoto.com/Alexandra Draghici; p. 29 © iStockphoto.com/Marina_Ph; p. 31 ImageFlow/Shutterstock.com; p. 33 baranozdemir/Vetta/Getty Images; p. 37 © iStockphoto.com/scyther5; cubierta y páginas interiores (píxeles) © iStockphoto.com/suprun.

Diseñador: Nichole Russo-Duca; Puesta en papel: Raúl Rodriguez; Director editorial, español: Nathalie Beullens-Maoui; Editor: Ana María García; Investigador fotográfico: Karen Huang